1

Ratgeberecke

Sozialhilfe, Schwerbehindertenrecht & Pflegeleistungen

Tricks, Tipps und Formularerklärungen

Andrea Meiling
Rainer Lehmann

Bibliografische Information der Deutschen Nationalbibliothek
Die Deutsche Nationalbibliothek verzeichnet diese Publikation in der
Deutschen Nationalbibliografie; detaillierte bibliografische Daten sind im
Internet über http://dnb.d-nb.de abrufbar.

1. Auflage © **2007 Meiling Verlag**
Autoren: Meiling, Andrea u. Lehmann, Rainer

Herstellung und Verlag: Books on Demand GmbH,
Norderstedt

ISBN 9783833490996

Vorwort

Liebe Leserin, lieber Leser,

als Hartz IV verabschiedet wurde, ahnten viele von uns, dass die einschneidenden Veränderungen wieder bei dem „kleinen Mann" stattfinden würden. Besonders betroffen davon sind die Familien. Das Geld reicht einfach nicht mehr aus. Es wurden in den vergangenen Jahren schon etliche Sozialleistungen zusammengestrichen - so scheint es fast aussichtslos, mit den jetzt geringen Mitteln eine Familie zu ernähren, geschweige denn, den Kindern eine Zukunft zu gewährleisten. Die Folge ist häufig, dass Familien zerbrechen, die Geburtenrate drastisch rückläufig ist und ausgerechnet Familien mit Kindern verarmen.

Unsere Serie „Ratgeberecke" wendet sich an die ständig wachsende Gruppe der Menschen mit immer geringer werdenden Einkommen und bietet kleine aber effektive Hilfen an, welche erst einmal das Grundgerüst einer Familie inklusive Sozialleistungen abdecken soll.

Anders als andere Ratgeber werden diese aus eigner Erfahrung geschrieben und beinhalten wirklich alle Sozialleistungen mit den entsprechenden Anlaufstellen, Formularerklärungen, vielfältigen Tricks und Tipps und bieten somit eine wirkliche Hilfefunktion.

Wir werden die einzelnen Hilfen nicht nur streifen, sondern genau darauf eingehen. Durch exakte, leichte

Punkt- für- Punkt- Erläuterungen der Formulare und einem verständlichen Überblick über die dazugehörigen Gesetze, versuchen wir kleine Hintertürchen öffnen, wie man mit bestimmten Vorschriften umgehen kann, so dass man doch noch sein Recht bekommt und trotzdem sich im Rahmen des Gesetzes bewegt.

In vielen Fällen wussten wir tatsächlich mehr über die aktuellen Vorschriften, als die jeweiligen Sachbearbeiter. Es ist also immer gut zu wissen, was einem zusteht und wie man es bekommt. Und wir zeigen zuverlässige Wege dahin.

Doch es ist nicht nur ein Buch für Familien, sondern für jeden, der in das löchrige Sozialnetz fällt oder kurz davor steht, und erst einmal nicht weiter weiß. Hier werden Anregungen zu Reorganisation des Haushalts und der Finanzen gegeben, um selbst mit wenig Geld auf der sicheren Seite zu stehen.

Speziell in diesem Ratgeber geben wir einen Überblick über die zustehenden Leistungen des Sozialamtes und vor allem für behinderte Menschen. Dabei gehen wir besonders auf die Leistungen für behinderte Kinder und Jugendliche ein.

Leider ist es immer noch so, dass Familien mit behinderten Kindern schnell in ein soziales Aus fallen, da der Überblick über die eventuellen Möglichkeiten und Hilfen durch den Staat fehlt und die Eltern sich meistens schon in einer Ausnahmesituation befinden, denn sie müssen sich mit der Behinderung ihres Kindes abfinden und das sehr oft ganz allein. Um hier unseren

Beitrag zur konkreten Hilfe zu leisten, haben wir diesen Ratgeber geschrieben.

Aber hier kann jeder Leser wertvolle Informationen finden und sei es nur, um sich zu orientieren nach einer langen Krankheit oder bei dem Verdacht auf eine entstehende Behinderung, was einem zusteht.

Also letztlich ein Buch für jedermann, der ein enges Budget hat oder Hilfe im Dschungel der Sozialleistungen sucht und braucht.

Andrea Meiling & Rainer Lehmann 2007

Was bekomme ich vom Staat?

Viel ist es nicht mehr, was du vom Staat bekommst und das wenige wird auch noch durch etliche Formulare, diverse Nachweise und anderen bürokratischen Unsinn erschwert.

Doch woher willst du wissen, dass du tatsächlich alles bekommen hast, was dir zusteht. Oft liegen fehlerhafte Berechnungen vor oder die Mitarbeiter wissen gar nicht genau, wie die einzelnen Gesetze tatsächlich angewandt werden.

So wurde in den fast zwei Jahren seit Einführung des Kinderzuschlags jede zweite Ablehnung nachweislich falsch berechnet.

Die Frage, die meistens als erstes auftaucht ist, wo bekomme ich was her? Das werden wir dir zeigen im Verlaufe der weiteren Kapitel.

Und was steht mir zu, ist dann die zweite Frage. Diese Frage lässt sich leicht beantworten. Unter **www.lycos.de/ratgeber** hast du mehrere Rechner wie den **Bafögrechner, Kinderzuschlagsrechner, ALG II- Rechner**, usw. Dort kannst du deine Daten eingeben und die Berechnung einsehen und zu Vergleichszwecken ausdrucken.

Wir werden versuchen, dir die Fragen, die du hast, in den nächsten Abschnitten zu beantworten. Wir werden dir hilfreiche Links und Foren im Internet vorstellen, wo du dir Hilfe suchen kannst, sollten wir eine Frage mal nicht ausreichend beantworten. Wir werden dir Rechenbeispiele vorstellen und ein paar Tipps geben, wie du mit einer Ablehnung umgehen musst und welche kleinen Tricks manchmal helfen. Nebenbei werden wir dir die notwendigen Formulare vorstellen und dir erläutern, was man bei manchen Fragen eigentlich von dir wirklich will.

Durch den Dschungel der Ämter

Erst einmal werden wir dir zeigen, wo du welche Gelder bekommst. Denn durch Hartz IV und den Wegfall des Sozialamtes an sich ist viel Verwirrung entstanden. Nicht selten wirst du von einem Amt zum nächsten geschickt, ehe du endlich entnervt beim richtigen Amt landest und die Tür des Amtes schließt sich grade vor dir, weil deine Odyssee den ganzen Tag beansprucht hat.

BAföG	Landkreis oder Stadtverwaltung, Amt für Soziales
ALG I	Arbeitsamt deiner Stadt oder des Landkreis
ALG II	Arbeitsgemeinschaft deiner Stadt oder des Landkreis
Sozialhilfe	Stadtverwaltung oder Landkreis, Abt. Soziales
Kindergeld	Familienkasse deines Arbeitsamtes
Kinderzuschlag	Familienkasse deines Arbeitsamtes
Elterngeld	Landkreis oder Stadtverwaltung, Abt. Soziales u. Familie
Wohngeld	Wohngeldstelle des Landkreises u. Stadtverwaltung

Pflegegeld   deine Krankenkasse

Waisenrente   Rentenbeauftragter des Landkreises
                      (auch im Bürgerbüro)

Schwerbehinderung Landkreis und Stadtverwaltung,
                      Abt. Soziales

Sozialhilfe

Grundsätze der Sozialhilfe

Wenn du nicht in der Lage bist, **aus eigenen Kräften und mit eigenen Mitteln deinen Lebensunterhalt zu bestreiten und auch anderweitig keine ausreichende Hilfe erhältst, hast du ein Recht auf persönliche und wirtschaftliche Hilfen. Ziel ist die Befähigung zur Selbsthilfe sowie die Sicherung eines menschenwürdigen Lebens.**

Sozialhilfe ist eine Leistung der Kommune (kreisfreie Stadt oder Kreis zusammen mit den kreisangehörigen Städten und Gemeinden, Landschaftsverbände)

Sozialhilfe erhältst du nur, wenn **du alle anderen Möglichkeiten zur Beseitigung der Notlage ausgeschöpft hast. Die Sozialhilfe tritt erst ein, wenn dem Sozialamt deine Notlage bekannt geworden ist** (z. B. persönliche oder telefonische Vorsprache, Antrag, Brief). Die **Übernahme von Schulden ist grundsätzlich ausgeschlossen, ebenso eine Übernahme von Kosten für Güter- und Dienstleistungen, die du zuvor ohne Beteiligung des Sozialamtes gekauft oder bestellt hast.**

Der notwendige Lebensunterhalt für Hilfesuchende
wird wie folgt sichergestellt:

► Für Personen zwischen 15 und 65 Jahren, die
erwerbsfähig sind, sowie für ihre nicht
erwerbsfähigen Angehörigen, die mit
Arbeitslosengeld II-Beziehern in einer
Bedarfsgemeinschaft leben, durch die
Grundsicherung für Arbeitssuchende
(Arbeitslosengeld II, Sozialgeld)

► Für ältere Personen ab 65 Jahren und dauerhaft
voll erwerbsgeminderten Personen (ab 18
Jahren) durch die Grundsicherung im Alter und
bei Erwerbsminderung

► Für Personen, die keine Leistungen der
Grundsicherung im Alter oder für
Arbeitssuchende erhalten, durch die Hilfe zum
Lebensunterhalt im Rahmen der Sozialhilfe.

Das heißt, bekommst du keine Unterstützung durch
das Arbeitsamt, die Arbeitsgemeinschaft oder
Rentenstelle, dann hast du die Möglichkeit als nicht
erwerbsfähige Person (du kannst also keine Arbeit
aufnehmen, weil du vielleicht krank bist),
Sozialhilfe in Anspruch zu nehmen.

Zur Sicherung des notwendigen Lebensbedarfs (Hilfe zum Lebensunterhalt) werden einmalige und laufende Sach- oder Geldleistungen gewährt. Der gesamte Bedarf des notwendigen Lebensunterhalts wird nach monatlichen Regelsätzen erbracht.

Die monatlichen Regelsätze umfassen insbesondere den Bedarf für:

► Ernährung
► den hauswirtschaftlichen Bedarf einschl. Haushaltsenergie
► die persönlichen Bedürfnisse des täglichen Lebens

Tipp: Hier sind mehrere Verfahren anhängig vor den Sozialgerichten, denn der Regelsatz deckt durch die vielen Preiserhöhungen bei weitem nicht mehr diesen Bedarf. Also lege automatisch einen Widerspruch gegen diese Regelsätze ein. Schließlich geht es hier um dein Geld.

Für folgenden Personenkreis werden

Mehrbedarfszuschläge

in Höhe von 17 – 60 % des Regelsatzes gewährt:

▶ werdende Mütter nach der 12.
  Schwangerschaftswoche
▶ allein Erziehende
▶ Behinderte
▶ Personen die eine kostenaufwendige Ernährung
  benötigen oder bei denen andere
  Sondersituationen vorliegen

Einmalige Leistungen

werden nur noch in drei Fällen gewährt

►   für die Erstausstattung der Wohnung
►   für die Erstausstattung der Bekleidung
►   für mehrtägige Klassenfahrten.

Über die o. g. Hilfen hinaus sind in Sondersituationen weitere Hilfen möglich. Als wichtigste Hilfen sind zu nennen:

►   Eingliederungshilfe für Menschen mit Behinderung; hier bestehen z. T. erhebliche Einkommens- und Vermögensfreibeträge, um insbesondere jungen Menschen mit Behinderung eine angemessene Schulausbildung etc. zu ermöglichen. Seit dem 01.07.2004 besteht zudem die Möglichkeit, dass ein Behinderter statt individueller Leistungen ein persönliches Budget erhält, mit dem er selbständig wirtschaften kann.

►   Hilfe zur Pflege; z. B. auch durch Übernahme der durch die Pflegeversicherung nicht voll gedeckten Kosten (Entgelte) für die Unterbringung im Pflegeheim.

Aktuelle Sozialhilfesätze

Der monatliche Regelsatz für den Haushaltsvorstand
und Alleinstehende beträgt

→	im Bundesgebiet West	345,00 €
→	im Bundesgebiet Ost	331,00 €

für Haushaltsangehörige bis zur Vollendung des 14.
Lebensjahres 60 %

→	im Bundesgebiet West	207,00 €
→	im Bundesgebiet Ost	198,60 €

für Haushaltsangehörige ab Vollendung des 14.
Lebensjahres 80 %

→	im Bundesgebiet West	276,00 €
→	im Bundesgebiet Ost	264,80 €

Sozialhilfe wird meistens als nicht zurückzuzahlende Leistung, in bestimmten Fällen aber auch als Darlehen gewährt. Darlehen kommen insbesondere bei kurzzeitiger Hilfe und bei vorrangig einzusetzendem Vermögen in Betracht.

Über die Hilfe kann täglich neu entschieden werden, da die Sozialhilfe keine rentengleiche Dauerleistung ist. Leistungen sind für den Zweck zu verwenden für den sie bewilligt werden.

Einen ausführlichen Überblick über die Leistungen der Sozialhilfe nach dem SGB XII und deren Voraussetzungen gibt die Broschüre **„Sozialhilfe"** des Bundesministeriums für Arbeit und Sozialordnung, die du dort anfordern kannst. (www.bmgs.bund.de oder Tel.: 0188/441-0), wenn du sie nicht im Sozialamt erhältst.
Du kannst dich zum Thema Sozialhilfe aber auch k o s t e n l o s beraten lassen.

Wenn du also nach den hier gelesenen Informationen der Meinung bist, sozialhilfeberechtigt zu sein, dann nutze diese Angebote, ohne dich dessen zu schämen; du hast einen Rechtsanspruch darauf.

Antragsverfahren

Vordruck:

Antragsformulare erhältst du bei dem Sozialamt deiner Gemeindeverwaltung oder im Internet. Auf deinen Antrag auf Sozialhilfe erteilt dir die für dich zuständige Behörde einen schriftlichen Bescheid.

Da jedes Bundesland einen eignen Antrag hat, haben wir für dich an Hand dieses Beispiels die Punkt- für- Punkt- Erklärung ausgearbeitet:
Antrag auf Sozialhilfe
Landschaftsverband Rheinland, 50663 Köln
www.lvr.de
Aber keine Angst, sämtliche Anträge sind fast identisch, also kannst du problemlos diese Erklärungen für deinen Antrag verwenden, denn der Inhalt ist immer der selbe.

Sozialhilfegrundantrag

Welche Unterlagen sind für den Sozialhilfeantrag erforderlich? Dafür haben wir dir eine ausführliche

Checkliste

fertig gemacht:

- ► Sozialhilfegrundantrag
- ► Vollmacht, falls gewünscht
- ► Betreuungsurkunde, falls Betreuer vom Amtsgericht bestellt ist
- ► Kopien der Einkommens- und Vermögensnachweise
- ► Kopien der Sparbücher
- ► Kopien vorhandener Verträge (z. B. bei Vermögensübertragungen von Haus- und Grundbesitz)
- ► Bescheinigung über die Heimbetreuungsbedürftigkeit vom Medizinischen Dienst der Krankenkasse bzw. von der Pflegekasse
- ► Bescheid der Pflegekasse
- ► Nachweise über die Höhe von Versicherungsbeiträgen (z. B. Haftpflichtversicherung)
- ► Policen von Lebens- und Sterbeversicherungen Mietvertrag
- ► Wohngeldbescheid
- ► Namen und Anschriften der Kinder und ggf. getrennt lebender oder geschiedener Ehegatten.

Tipp: Falls du jetzt einen ungefähren Anhaltspunkt über die Höhe der möglichen Sozialhilfe haben möchtest und über einen Internetanschluss verfügst, kannst du unter der Adresse: **http://www.aschaffenburg.de/wDeutsch/buer ger/sozialamt/sozialamt_05.php** deine persönlichen Daten in einen **Sozialhilferechner** eingeben. Alle dazugehörenden Abfragen werden dir dort noch einmal ausführlich erklärt. Dieser Rechner dort ist sehr leicht zu handhaben und genau.

Wir fassen noch einmal zusammen:

Sozialhilfe erhalten Menschen, die nicht in der Lage sind, einer Arbeit nachzugehen, d. h. Kinder, Alte und Behinderte. Diese erhalten als monatliche Leistung den Regelsatz.

Der Regelsatz wird über die Arbeitsgemeinschaften oder das Sozialamt gezahlt und beantragt.

Grundsätzlich ist das Sozialamt für die Grundsicherung und Leistungen an Rentnern und Behinderten zuständig. Dabei liegt die größte Verantwortlichkeit in den Angelegenheiten für Behinderte.

Deshalb haben wir uns noch einmal ganz genau und im Einzelnen mit dem Schwerbehindertenrecht beschäftigt.

Schwerbehindertenrecht (SGB IX)

„Nicht behindert zu sein ist wahrlich kein Verdienst,
sondern ein Geschenk, das jedem von uns jederzeit
genommen werden kann. Lassen Sie uns die Behinderten
und ihre Angehörigen auf ganz natürliche Weise in unser
Leben einbeziehen. Wir wollen ihnen die Gewissheit geben,
dass wir zusammengehören."

Richard von Weizsäcker

Behinderte und von Behinderung bedrohte Menschen
erhalten Leistungen zur Förderung ihrer
Selbstbestimmung und gleichberechtigten
Teilhabe am Leben in der Gesellschaft
(Rehabilitation) nach den Vorschriften des
Sozialgesetzbuches. Neuntes Buch und den für
die einzelnen Rehabilitationsträger geltenden
Rechtsvorschriften.
**Das ist eine der wichtigsten Aussagen im
Schwerbehindertenrecht**. Geschickt
eingesetzt, kann es dir verschlossene Türen
öffnen.
Denn noch immer ist es so, dass Behinderte
untereinander wie auch gegenüber gesunden
Mitmenschen **nicht gleichberechtigt** behandelt
werden und ihnen die Teilnahme am
öffentlichen Leben manchmal extrem erschwert
wird.

Systematisch wollen wir dir vorstellen, welche
Möglichkeiten das Schwerbehindertenrecht dir
bietet und ganz besonders Familien mit
behinderten Kindern.

21

Was ist eine Behinderung?

Eine Behinderung im Sinne des Gesetzes liegt vor, wenn die

- ► körperliche Funktion
- ► geistige Fähigkeit oder
- ► seelische Gesundheit

eines Menschen <u>mit hoher Wahrscheinlichkeit länger als sechs Monate von dem für das Lebensalter typischen Zustand abweichen und daher seine Teilnahme am Leben in der Gesellschaft beeinträchtigt ist.</u>

Das bedeutet, wenn du also länger als 6 Monate in irgendeiner Art und Weise erkrankt bist und diese Krankheit dein Leben nachhaltig zum Negativen beeinflusst, dann hast du wahrscheinlich eine Behinderung.

Die Schwere der Behinderung wird durch **den Grad der Behinderung (GdB)** ausgedrückt.
Der GdB wird von deinem **Versorgungsamt** in Zehnergraden von 20 bis 100 festgestellt. Das ist in so fern wichtig, da es dir verschiedene Vorteile bringen kann, sei es im steuerlichen Bereich oder im alltäglichen Leben. Und Grundregel: Wenn du meinst, dass dieser Grad der Behinderung nicht dem entspricht, was du dir vorgestellt hast, dann klage.

Wer ist schwer behindert?

Schwer behindert sind Personen mit einem **GdB von wenigstens 50**, die ihren Wohnsitz, ihren gewöhnlichen Aufenthalt oder ihren Arbeitsplatz rechtmäßig in Deutschland haben.

Schwerbehinderte Menschen erhalten einen Schwerbehindertenausweis. Ausgestellt wird er vom Versorgungsamt deines Ortes. Damit erhältst du auf Vorlage verbilligten Eintritt beispielsweise. Darin ist der Grad deiner Behinderung wie die einzelnen Merkzeichen zu dem Grad deiner Behinderung aufgeführt. **Ganz wichtig!** Kopiere den Ausweis und fordere die Steuervergünstigungen nach ab dem Datum der Antragstellung. Das geht auch rückwirkend, wenn du in deiner Steuererklärung die Antragstellung angegeben hast.

Wer kann einem schwer behinderten Menschen gleichgestellt werden?

Personen mit einem GdB von 30 oder 40 sollen auf Antrag schwer behinderten Menschen gleichgestellt werden, wenn sie

▶ infolge ihrer Behinderung ohne die Gleichstellung einen geeigneten Arbeitsplatz nicht erlangen oder nicht behalten können und

▶ ihren Wohnsitz, ihren gewöhnlichen Aufenthalt oder ihre Beschäftigung auf einem Arbeitsplatz rechtmäßig in Deutschland haben.

Die Gleichstellung erfolgt durch die für den Wohnort zuständige Agentur für Arbeit. Den Antrag musst du unmittelbar bei der Agentur für Arbeit stellen und den Feststellungsbescheid des Versorgungsamtes oder einen anderen Bescheid über die Höhe eines Grades der Minderung der Erwerbstätigkeit (MdE) vorlegen. Die Gleichstellung wird mit dem Tag des Eingangs des Antrages wirksam. Sie kann befristet werden.

Was sind Merkzeichen und welche Bedeutung haben sie?

Merkzeichen sind bestimmte Buchstaben, die in den Schwerbehindertenausweis eingetragen werden können. Sie dienen als Nachweis für besondere Beeinträchtigungen. <u>**Mit den einzelnen Merkzeichen sind unterschiedliche Rechte verbunden:**</u>

G bedeutet, dass die Bewegungsfähigkeit im Straßenverkehr erheblich beeinträchtigt ist.

B Mit diesem Merkzeichen wird die Notwendigkeit ständiger Begleitung nachgewiesen.

aG Das Merkzeichen bedeutet, dass eine außergewöhnliche Gehbehinderung vorliegt.

H Hilflose Personen erhalten das Merkzeichen H. Bei Kindern gelten für die Hilflosigkeit besondere Kriterien

RF Das Merkzeichen RF weist die gesundheitlichen Voraussetzungen für die Befreiung von der Rundfunkgebührenpflicht nach.

Bitte beachte: Bestimmte Personen mit geringen Einkommen können auch ohne Merkzeichen RF von der Rundfunkgebührenpflicht befreit werden. Nähere Informationen erhältst du von uns an anderer Stelle.

BI   Bei Blindheit wird das Merkzeichen BI zuerkannt.

GI   Gehörlose erhalten das Merkzeichen GI.

1. Kl. Das Merkzeichen 1. Kl. erhalten Schwerkriegsbeschädigte und Verfolgte i. S. d. Bundesentschädigungsgesetzes mit einer MdE um mindestens 70 %, wenn ihr auf den anerkannten Schädigungsfolgen beruhender Zustand bei Eisenbahnfahrten die Unterbringung in der 1. Wagenklasse erfordert.

Wozu dient der Schwerbehindertenausweis?

Durch den Schwerbehindertenausweis hast du **vielfältige dir zustehende oder auf freiwilliger Grundlage eingeräumte Nachteilsausgleiche,** bei einer entsprechenden Kennzeichnung berechtigt er dich z.b. auch zur **Freifahrt im öffentlichen Personenverkehr zusammen mit einer Begleitperson (mitunter muss die Begleitperson ein Ticket bezahlen, aber dann nur einen bestimmten Prozentsatz).**

Der Ausweis gilt in der Regel als Nachweis ab dem Zeitpunkt, zu dem du die Anerkennung beantragt hast; dieses Datum ist in dem Ausweis angegeben.

Hinweis: Der Schwerbehindertenausweis gilt nicht im Ausland. Einen Rechtsanspruch auf Nachteilsausgleiche hast du nur in Deutschland.

Wie werden der Grad der Behinderung und die Merkzeichen festgestellt?

Der Grad der Behinderung (GdB) und die Merkzeichen werden <u>vom Versorgungsamt festgestellt</u>. Die Feststellung erfolgt nach Maßgabe der **„Anhaltspunkte für die ärztliche Gutachtertätigkeit nach dem sozialen Entschädigungsrecht und dem Schwerbehindertenrecht"** Die aktuelle Version der Anhaltspunkte (2005) kannst du dir unter der Adresse www.zbfs.bayern.de/schwbg/index.html herunterladen.

Die Feststellung erfolgt n u r auf A n t r a g. Dazu musst du sämtliche Dokumente und Röntgenbilder wie Atteste, die du von deinen Ärzten erhalten hast, einreichen. Weiter wird eine Nachfrage bei deinen Ärzten vom Versorgungsamt vorgenommen. Auf dieser Grundlage wird dann dein Grad der Behinderung festgelegt. In strittigen Fällen wird auch das Urteil eines Amtsarztes eingeholt.

Nach Abschluss der ärztlichen Prüfung kann aufgrund des Entscheidungsvorschlages des Ärztlichen Dienstes über den Antrag entschieden werden. Es wird ein Bescheid erlassen, gegen den man Rechtsbehelfe einlegen kann.

Wo erhalte ich Antragsformulare?

Du kannst den Antrag online im Internet stellen oder
bei dem für dich zuständigen Versorgungsamt
deiner Stadt. Das Formular dafür kannst du aus
dem Internet herunterladen und ausdrucken. Es
ist auch bei den Versorgungsämtern und in der
Regel bei den Gemeinden erhältlich.

Du kannst den Antrag auch formlos stellen und erhältst
dann ein Antragsformblatt zugesandt. Wie es
ausfüllen ist erklären wir dir auf den
nachfolgenden Abschnitten.

Tipp: Halte dich nur an die Fristen. Der Antrag muss
spätestens nach vier Wochen im Amt vorliegen.
Also bringt ein zurückliegendes Datum gar
nichts. **Es gilt immer der Monat der
Antragstellung und somit des Eingangs.**

Was ist bei der Antragstellung zu beachten?

Es dauert trotz aller Bemühungen **durchschnittlich ca. drei Monate bis über einen Antrag entschieden** werden kann. Dies liegt insbesondere daran, dass Befundberichte von Ärzten und ggf. Krankenhäusern angefordert werden müssen. Bis diese eintreffen, vergeht Zeit.

Die nachfolgenden **Tipps** geben dir einige Hinweise, wie du eine schnellere Entscheidung ermöglichen kannst.

Tipp 1 Beantworte die im Antragsformular gestellten Fragen bitte genau und vollständig. Falls möglich, nutze bitte den Online-Antrag.

Tipp 2 Falls du aktuelle ärztliche Unterlagen selbst in Händen hast, leg sie bitte dem Antrag bei. Falls du die Unterlagen im Original übersendest, erhältst du diese selbstverständlich wieder zurück. Röntgenbilder und CT- Aufnahmen werden allerdings in der Regel nicht benötigt, aber lege sie mit bei. Bürokratismus wird auch beim Versorgungsamt groß geschrieben.

Tipp 3 Erfahrungsgemäß ist es von Vorteil, wenn du deinen Arzt informierst, dass und warum du einen Antrag nach dem Schwerbehindertenrecht stellst. Wenn er weiß, worauf dein Antrag gerichtet ist, kann er deinen Antrag dadurch unterstützen, dass er die bei dir vorliegenden Gesundheitsstörungen umfassend sowie möglichst genau beschreibt und dem Versorgungsamt den Befundbericht zeitnah zukommen lässt.

Tipp 4 Solltest du während des laufenden Verfahrens von einer anderen Stelle untersucht oder z. B. im Krankenhaus behandelt werden, lass es das Versorgungsamt bitte umgehend wissen, damit das Ergebnis dieser Untersuchung bzw. ärztlichen Behandlung noch berücksichtigt werden kann.

Wann ist ein Antrag beim Versorgungsamt nicht erforderlich?

Hat bereits eine andere Stelle eine Minderung der Erwerbsfähigkeit (MdE) außerhalb des Schwerbehindertenrechts festgestellt (z. B. Bescheid einer Berufsgenossenschaft wegen eines Arbeitsunfalls oder eines Versorgungsamtes wegen Soldatenversorgung oder Gewaltopferentschädigung), dann ist ein Verfahren beim Versorgungsamt **nicht** erforderlich.
Beträgt die von der anderen Stelle festgestellte MdE wenigstens 50 %, dann stellt dir das Versorgungsamt auf Wunsch ohne weiteres einen Schwerbehindertenausweis aus.

Bist du dir nun unsicher, weil du vielleicht grade ein Rentenverfahren wegen Erwerbsunfähigkeit beispielsweise angeschoben hast, dann gehe bei dem Versorgungsamt vorbei und lasse dich beraten. Du musst nur viel Zeit mitbringen, aber dann kannst du dir sicher sein, dass du wirklich alle Informationen erhältst, die du brauchst.

Rechte und Nachteilsausgleiche

gibt es für die Bereiche

►   Beruf
►   Steuer
►   Auto
►   Öffentliche Verkehrsmittel
►   Kommunikation/Medien
►   Wohnen
►   Sozialversicherung
►   Blindengeld
►   Hilfen nach dem Sozialhilferecht

Beruf

▶ Kündigungsschutz
Die Kündigung des Arbeitsverhältnisses eines schwer behinderten Arbeitnehmers durch den Arbeitgeber ist nur wirksam, wenn das Integrationsamt vorher zugestimmt hat. Dies gilt für die ordentliche und die außerordentliche Kündigung sowie für die Änderungskündigung.

▶ Zusatzurlaub
Schwerbehinderte Menschen erhalten einen Zusatzurlaub von einer Arbeitswoche im Jahr. Für das Jahr, in dem die Schwerbehinderteneigenschaft eintritt, steht ein anteilsmäßiger Zusatzurlaub zu. Falls der GdB unter 59 sinkt, wird der in diesem Jahr zustehende Zusatzurlaub entsprechend berechnet.

▶ **Freistellung von Mehrarbeit**
Schwerbehinderte Menschen und ihnen Gleichgestellte sind auf Verlangen von Mehrarbeit freizustellen.

▶ **Begleitende Hilfe im Arbeitsleben**
Schwerbehinderte Menschen und ggf. ihnen Gleichgestellte sowie ihre Arbeitgeber können vom Integrationsamt Leistungen zur begleitenden Hilfe im Arbeitsleben erhalten. Dies muss **v o r** Beginn der Maßnahme bzw. vor dem Kauf des Hilfsmittels beim zuständigen Integrationsamt beantragt werden. Die

Leistungen werden je nach den Umständen des Einzelfalles in der Regel als Zuschüsse oder als Darlehen erbracht.

Es sind insbesondere folgende Leistungen möglich:

► Hilfe bei der Anschaffung von technischen Arbeitshilfen

► Hilfe zum Erreichen des Arbeitsplatzes
Diese umfasst Leistungen zur Beschaffung eines Kraftfahrzeuges, für eine behinderungsbedingte Zusatzausstattung sowie zur Erlangung der Fahrerlaubnis. Wichtigste Voraussetzung ist, dass der behinderte Mensch infolge seiner Behinderung dauerhaft auf die Benutzung eines Kraftfahrzeuges angewiesen ist, um seinen Arbeits- oder Ausbildungsort zu erreichen.

► Hilfe zur Gründung und Erhaltung einer selbständigen beruflichen Existenz.
Schwerbehinderte Menschen können Darlehen oder Zinszuschüsse zur Gründung und zur Erhaltung einer selbständigen beruflichen Existenz erhalten.

► Hilfe zur Beschaffung, Ausstattung und Erhaltung einer behinderungsgerechten Wohnung
Es können Leistungen zur Beschaffung und Anpassung von Wohnraum und seiner Ausstattung an die besonderen

35

behinderungsbedingten Bedürfnisse und zum
Umzug in eine behinderungsgerechte oder
erheblich verkehrsgünstiger zum Arbeitsplatz
gelegene Wohnung gewährt werden.

► Hilfe zur Teilnahme an Maßnahmen zur
Erhaltung und Erweiterung beruflicher
Kenntnisse und Fertigkeiten

► Leistungen zur behinderungsgerechten
Einrichtung von Arbeits- und
Ausbildungsplätzen.

**Arbeitgeber können Darlehen oder Zuschüsse für
die notwendigen Kosten nachfolgender
Maßnahmen erhalten:**

► behinderungsgerechte Einrichtung und
Unterhaltung der Arbeitsstätten, einschl. der
Betriebsanlagen, Maschinen und Geräte

► Einrichtung von Teilzeitarbeitsplätzen für
schwer behinderte Menschen, insbesondere
wenn eine Teilzeitbeschäftigung von wenigstens
15 Stunden wöchentlich wegen der Art und
Schwere der Behinderung notwendig ist

► Ausstattung von Arbeits- oder
Ausbildungsplätzen mit notwendigen
technischen Arbeitshilfen und deren Wartung
und Instandhaltung

► Sonstige Maßnahmen, durch die eine möglichst dauerhafte behinderungsgerechte Beschäftigung schwer behinderter Menschen gesichert werden kann.

► Ersatzbeschaffung oder Beschaffungen zur Anpassung an die technische Weiterentwicklung.

► Übernahme der Kosten einer notwendigen Arbeitsassistenz - Voraussetzung für die Übernahme der Kosten ist vor allem, dass die Arbeitsassistenz aus medizinischer Sicht und im Zusammenhang mit der zu erbringenden Arbeitsleistung erforderlich ist.

Das sollte eigentlich interessant genug für Arbeitgeber sein, doch leider ist nicht jeder Arbeitgeber über diese Möglichkeiten informiert. Also weise ihn doch auf diese Tipps hin. Das dürfte deine Chance auf dem Arbeitsmarkt zweifellos erhöhen.

Ruhestand

Altersrente aus der gesetzlichen Rentenversicherung
   erhält auf Antrag der Versicherte, der das 60.
   Lebensjahr vollendet hat, bei Beginn der Rente
   als schwer behinderter Mensch anerkannt ist
   und mindestens 35 Jahre mit
   Versicherungszeiten in der gesetzlichen
   Rentenversicherung zurückgelegt hat.

Ab 01.01.2001 wird die Altersgrenze von 60 Jahren für
   Versicherte der Geburtsjahrgänge 1941 und
   jünger stufenweise in Monatsschritten auf das
   63. Lebensjahr angehoben.

Steuer

Lohn- und Einkommensteuer

Pauschalbeträge wegen außergewöhnlicher
    Belastungen.

Nach § 33b EStG wird wegen der außergewöhnlichen
    Belastungen, die behinderten Menschen infolge
    Behinderung erwachsen, ein Pauschbetrag vom
    Einkommen abgezogen. Dies musst du beim
    Finanzamt unter Vorlage deines
    Feststellungsbescheid beantragen.

**Die Höhe des Pauschbetrages richtet sich nach dem
    GdB.** Für behinderte Menschen, die infolge
    ihrer Behinderung hilflos (Merkzeichen **H**) sind
    und für Blinde (Merkzeichen **Bl**) beträgt der
    Pauschbetrag 3.700,00 €.

Der Pauschbetrag, der einem **behinderten Kind**
    zusteht, für das die Eltern Kindergeld oder einen
    Freibetrag zur Steuerfreistellung des
    Kinderexistenzminimums erhalten, wird auf
    Antrag auf die Eltern übertragen, wenn ihn das
    Kind nicht in Anspruch nimmt.

Tipp: Sind die einem behinderten Menschen aus der
    Behinderung entstehenden Aufwendungen nach
    Abzug der zumutbaren Eigenbelastung **höher
    als die Pauschbeträge**, so können an Stelle der
    Pauschbeträge die nachgewiesenen

Aufwendungen, die unmittelbar infolge der Behinderung erwachsen, **als außergewöhnliche Belastung nach § 33 EStG steuermindernd geltend gemacht werden.**

Kraftfahrzeugkosten für Privatfahrten

Bei behinderten Menschen mit einem **GdB von mindestens 80 können auch Kraftfahrzeugkosten für Privatfahrten in angemessenem Rahmen als außergewöhnliche Belastung** nach § 33 neben dem Pausbetrag berücksichtigt werden. Das gleiche gilt auch für behinderte Menschen mit einem GdB von 70, die in ihrer Bewegungsfähigkeit im Straßenverkehr erheblich beeinträchtigt sind (Merkzeichen **G**).

Kraftfahrzeugkosten als Werbungskosten

Behinderte Menschen mit einem GdB von mindestens 70 sowie Behinderte mit einem GdB von mindestens 50, (Merkzeichen G) können für **Fahrten zwischen Wohnung und Arbeitsstätte die tatsächlichen Aufwendungen** abziehen.

Entlastung für Alleinerziehende eines behinderten Kindes

Der Entlastungsbetrag für Alleinerziehende nach § 24 b EStG in Höhe **von 1.308 €** wird dir auch gewährt, wenn dein zu deinem Haushalt gehörendes Kind, das 18. Lebensjahr vollendet hat, aber wegen seiner körperlichen, geistigen oder seelischen Behinderung außerstande ist, sich selbst zu unterhalten. Dies trifft auch zu, wenn du einen Kinderfreibetrag oder Kindergeld erhältst und dein Kind in deiner Wohnung gemeldet ist.

Kosten einer Haushaltshilfe

Bist du, oder dein nicht dauernd getrennt lebender Ehegatte oder ein zu deinem Haushalt gehöriges Kind oder eine andere zu deinem Haushalt gehörige unterhaltene Person hilflos (Merkzeichen **H**) oder **schwer behindert** (GdB von **mindestens 50**), können **Aufwendungen für die Beschäftigung einer Hilfe im Haushalt** nach 33a Abs. 3 EStG als **außergewöhnliche Belastung steuerlich berücksichtigt** werden. Auf Antrag werden die Aufwendungen höchstens jedoch bis zu einem Betrag von **924 €** ohne Berücksichtigung einer zumutbaren Eigenbelastung vom Gesamtbetrag der Einkünfte abgezogen.

Kosten der Heimunterbringung

Aufwendungen bis zu einem **Betrag von 624 €** sind
abzugsfähig, wenn du oder dein mit dir
zusammenlebender Ehegatte wegen einer
schweren Behinderung in einem Heim
untergebracht ist. Erfolgt die Unterbringung zur
dauernden Pflege, dann können die
Aufwendungen bis zum **Höchstbetrag von 924
€** geltend gemacht werden.

Kinderbetreuungskosten

Kosten zur Betreuung eines zum Haushalt gehörenden
Kindes, das wegen körperlicher, geistiger oder
seelischer Behinderung außerstande ist, sich
selbst zu unterhalten, können auch über das 14.
Lebensjahr des Kindes hinaus als
außergewöhnliche Belastung geltend gemacht
werden, soweit **sie 1548 € je Kind übersteigen**.

Voraussetzung ist, dass die Eltern
► entweder berufstätig sind
► sich noch in Ausbildung befinden,
► behindert oder länger als drei Monate krank
sind.

Der Abzug ist auf einen Höchstbetrag von 1500 € je
Kind begrenzt.

Weitere Vergünstigungen

Bei der **Gewährung von Kindergeld und weiteren steuerlichen Vergünstigungen kann auch ein Kind berücksichtigt werden, dass das 18. Lebensjahr vollendet** hat, aber wegen einer körperlichen, geistigen oder seelischen Behinderung außerstande ist, sich selbst zu unterhalten.

Kraftfahrzeugsteuer

Schwerbehinderte Personen, die hilflos (Merkzeichen **H**), blind (Merkzeichen **Bl**) oder außergewöhnlich gehbehindert (Merkzeichen **aG**) sind, sind von der Kraftfahrzeugsteuer befreit.

Hundesteuer

Schwerbehinderte Menschen mit Merkzeichen **Bl** oder **H** sind in vielen Gemeinden von der **Hundesteuer befreit**. Erkundige dich bitte bei deiner Gemeinde.

Die oben genannten Ausführungen stellen nur einen Überblick dar. Ausführliche Informationen kannst du z. B. in der Broschüre „Steuertipps für Menschen mit Behinderung" des Bayerischen Staatsministeriums der Finanzen entnehmen. Du kannst diese Broschüre aus dem Internet herunterladen unter www.zbfs.bayern.de/schwbg/wegweiser/wegrechte.html

Auto

- ▶ Parkerleichterung
- ▶ Befreiung von der Gurtanlege- und Schutzhelmtragepflicht
- ▶ Vorteile bei der Kraftfahrzeugsteuer
- ▶ Preisnachlass beim Neuwagenkauf
- ▶ Automobilclubs
- ▶ Behindertentoiletten an Autobahnraststätten
Die mit dem **Rollstuhlfahrersymbol** gekennzeichneten Behindertentoiletten an Autobahnrastplätzen, -raststätten und -tankstellen können mittels eines Zentralschlüssels benutzt werden. Dies gilt auch für Behindertentoiletten in vielen Städten Deutschlands. Diesen Schlüssel kannst du beim Club Behinderter und ihrer Freunde (CBF) bestellen. Adresse im Internet www.cbf-de.de, oder CBF Darmstadt e.V., Pallaswiesenstr. 123 a, 64293 Darmstadt

Beim CBF können auch weitere nützliche Artikel für Behinderte auf Reisen bestellt werden.

Öffentliche Verkehrsmittel

► Freifahrt für schwer behinderte Menschen im Nahverkehr
► Freifahrt für Begleitpersonen
► Freifahrt im innerdeutschen Fernverkehr
► Freifahrt im internationalen Fernverkehr

Fragen im Zusammenhang mit der Freifahrtberechtigung beantwortet die Mobilitäts-Servicezentrale der Deutschen Bahn AG Tel. 01805/512512

► Hilfen bei Reisen mit der Deutschen Bahn AG Für Blinde oder andere schwer behinderte Menschen (Merkzeichen Bl bzw. B), denen im Schwerbehindertenausweis die Notwendigkeit einer ständigen Begleitung bescheinigt ist können bis zu zwei Sitzplätze ohne Entgelt reserviert werden.

Vergünstigungen im Flugverkehr

► Einige Fluggesellschaften bieten auf bestimmten Strecken **Ermäßigungen** für schwer behinderte Menschen an, teilweise auch für die Begleitperson von schwer behinderten Menschen mit Merkzeichen B.

Nähere Auskunft erteilen dir die Fluggesellschaften oder Reisebüros.

45

Behindertenfahrdienste

▶   In vielen Städten bzw. Gemeinden können
schwer behinderte Menschen einen
Behindertenfahrdienst in Anspruch nehmen.
Die Regelungen dafür sind je nach Stadt bzw.
Gemeinde unterschiedlich. Nähere Auskünfte
hierzu erhältst du bei deiner Gemeinde- bzw.
Stadtverwaltung.
Das Rote Kreuz, der Malteser Hilfsdienst und
die Johanniter- Unfallhilfe bieten auch
entgeltliche Behindertenfahrdienste an.

Tipp: Das gilt auch **für Fahrten von behinderten
Kindern zu ihrem Kindergarten, der Schule
oder den Therapien.** Ansprechpartner ist hier
der Sozialarbeiter der Einrichtung, in die dein
Kind geht.

Kommunikation / Medien

► Befreiung von der Rundfunkgebühr
Merkzeichen **RF** können die Befreiung von der
Rundfunkgebührenpflicht beantragen. GEZ;
50656 Köln. www.gez.de
Dies gilt auch für dein behindertes Kind. Die
GEZ sieht diesen Tipp nicht gern und wenn man
dort der Meinung ist, du müsstest trotzdem die
Gebühr bezahlen, dann klage einfach. Wieso hat
sonst dein Kind das **RF** eingetragen bekommen.

► Ermäßigung der Telefongebühren
Viele Telefongesellschaften gewähren schwer
behinderten Menschen (insbesondere
Merkzeichen **RF**) vergünstigte Tarife

► Blindensendungen
Blindensendungen werden von der Deutschen
Post AG **unentgeltlich** befördert

► Verwendung von Gebärdensprache bei
Sozialbehörden
Hörbehinderte Menschen haben **das Recht** bei
Sozialbehörden zur Verständigung die Deutsche
Gebärdensprache zu verwenden.

Wohnen

▶ Wohnungsbauförderung
Im Rahmen der sozialen Wohnraumförderung
ist für schwer behinderte Menschen unter
bestimmten Voraussetzungen

▶ der Abzug von Freibeträgen nach § 24
Wohnraumförderungsgesetz bei der Ermittlung
des maßgeblichen Einkommens möglich

▶ eine Überschreitung der Wohnflächengrenze
zulässig

▶ die Bewilligung erhöhter Baudarlehen möglich.

Nähere Auskünfte erhältst du bei Landratsämtern und
kreisfreien Städten.

▶ Wohngeld
Bei der Ermittlung des Jahreseinkommens
werden je nach GdB **Freibeträge** abgesetzt.
Weiter kannst du bei einem beispielsweise an
ADHS erkrankten Kind eine **größere**
Quadratmeterzahl Wohnraum gelten machen,
die in die Berechnung voll aufgenommen
werden muss.

▶ Widerspruch gegen Wohnungskündigung
Kündigt der Vermieter ein Mietverhältnis über
Wohnraum, dann kann der Mieter der
Kündigung widersprechen und die Fortsetzung
des Mietverhältnisses verlangen, wenn die
Kündigung eine **nicht zu rechtfertigende**

Härte für ihn oder einen Angehörigen seines Haushaltes bedeuten würde.
Weitere Auskünfte erhältst du bei den Mietervereinen. Ggf solltest du auch anwaltlichen Rat einholen

► Bausparförderung und Vermögensbildung
Eine **vorzeitige Verfügung** über Bausparkassenbeiträge sowie über Sparbeiträge nach dem Vermögensbildungsgesetz ist ohne Nachteile möglich, wenn der Sparer oder sein nicht dauernd getrennt lebender Ehegatte nach Abschluss des Vertrages völlig erwerbsunfähig geworden ist.

Sozialversicherung

▶ Familienversicherung für Kinder
Eine Familienversicherung in der gesetzlichen
Krankenversicherung und der sozialen
Pflegeversicherung besteht für Kinder, wenn sie
als behinderte Menschen außerstande sind, sich
selbst zu unterhalten, nach näherer Bestimmung
des § 10 SGB V ohne Altersgrenze.

▶ chronisch Kranke
Für chronisch Kranke, die wegen derselben
schwerwiegenden Krankheit in
Dauerbehandlung sind, vermindert sich die
Belastungsgrenze für Zuzahlungen in der
gesetzlichen Krankenversicherung von 2 % der
Bruttoeinnahmen zum Lebensunterhalt **auf 1 %**.
Als schwerwiegend chronisch krank gilt u. a.
wer neben der Dauerbehandlung einen GdB von
mindestens 60 nachweisen kann.

▶ Fahrtkosten
In Ausnahmefällen können im Rahmen der
gesetzlichen Krankenversicherung **Fahrten zur
ambulanten Behandlung für Versicherte mit
Merkzeichen aG, Bl oder H verordnet und
genehmigt werden.**

Blindengeld und Blindenhilfe

<u>Blinde Menschen</u> (Merkzeichen **Bl**) erhalten auf Antrag
<u>unabhängig von der Frage der Bedürftigkeit
Blindengeld bzw. Blindenhilfe.</u>
Antragsformulare sind bei allen örtlichen
Sozialämtern zu erhalten. Der Begriff „Blind"
wird hier unterschiedlich ausgelegt und ist für
die entstehenden Mehraufwendungen gedacht,
die Blinden entstehen durch ihre Behinderung.

Die Benennung ist nicht bundeseinheitlich gewählt: Sie
wird abhängig vom anzuwendenden Gesetz als
"Blindengeld", "Blindenhilfe" beziehungsweise
"Landesblindenhilfe", "Landesblindengeld" oder
"Landespflegegeld" bezeichnet.

Derzeit beträgt der **volle, ungekürzte Zahlbetrag** der
Blindenhilfe nach § 72 SGB XII, der seit 01.01.2005
den früheren § 67 BSHG ersetzt hat, für **volljährige
Blinde monatlich 585,00 €** und für **minderjährige
Blinde monatlich 293,00 €**.

Doch erkundige dich am besten beim Sozialamt direkt,
ob das für dich in Betracht kommt. Die Vorschriften
sind hier von Bundesland zu Bundesland
unterschiedlich und in Niedersachsen beispielsweise
bekommt ein Jugendlicher nach dem 27. Lebensjahr
keine Blindenhilfe mehr.

Tipp: Ergänzend gibt es noch für Personen, die
hochgradig sehbehindert sind, die
„**Sehbehindertenhilfe**".

Hilfen für behinderte Menschen nach dem Sozialgesetzbuch Zwölftes Buch

Erhältst du als behinderter oder von einer Behinderung
bedrohter Mensch im Sinne des SGB XII die
notwendigen Hilfen nicht oder nicht in vollem
Umfang von einem anderen
Rehabilitationsträger, so hast du dem Grunde
nach Anspruch auf Eingliederungshilfe für
behinderte Menschen nach dem SGB XII.

Je nach Zuständigkeitsbereiche sind die
Rehabilitationsträger:

► Träger der gesetzlichen Krankenversicherung
► Bundesagentur für Arbeit
► Träger der gesetzlichen Unfallversicherung
► Träger der gesetzlichen Rentenversicherung
► Träger der Kriegsopferversorgung und
Kriegsopferfürsorge
► Träger der öffentlichen Jugendhilfe
► Träger der öffentlichen Sozialhilfe.

Maßnahmen der Eingliederungshilfe sind vor allem
medizinische, heilpädagogische, schulische,
berufliche und allgemeine soziale Hilfen.
Sie werden in Form von persönlicher Hilfe und
von Sach- und Geldleistungen erbracht.

<u>Aber aufgepasst!</u>

Gern erzählen die Jugendämter, dass Familienhilfe so eine Maßnahme sei. Das stimmt so nicht.

Es gibt zum Beispiel die Eins- zu- Eins Betreuung für an ADHS erkrankte Kinder in den Schulen, die von der Jugendhilfe getragen werden muss. Die Familienhilfe wird zwar auch durch das Jugendamt getragen, verursacht aber bei weitem nicht die Kosten wie eine Eins- zu- Eins Betreuung.

Ein Familienhelfer soll in der Familie helfen und bei auftretenden Erziehungsschwierigkeiten. Die Eins- zu- Eins Betreuung dagegen hilft dem Kind den Schulalltag zu meistern. Und zählt somit unter die Maßnahmen zur Eingliederungshilfe. Quelle: Eingliederungshilfeverordnung § 12 mit Bezug auf § 40 Abs. 1 Nr. 4

Übersicht über die wichtigsten GdB-abhängigen Rechte und Nachteilsausgleiche

Wähle bitte deinen Grad der Behinderung (GdB) aus. Du kannst dann an Hand einer Kurzübersicht über die wichtigsten der dir zustehenden Rechte und Nachteilsausgleiche dich informieren.
Jeder GdB schließt grundsätzlich die mit niedrigeren GdBs verbundenen Rechte ein! Also hast du einen GdB von 50, so schließt das die Rechte von GdB 30 mit ein.

► GdB 30
→ Gleichstellung möglich
→ Steuerfreibetrag 310 €
→ Kündigungsschutz bei Gleichstellung

► GdB 40
→ Steuerfreibetrag 430 €

► GdB 50
→ Schwerbehinderteneigenschaft
→ Steuerfreibetrag 570 €
→ Bevorzugte Einstellung, Beschäftigung
→ Kündigungsschutz
→ Begleitende Hilfe im Arbeitsleben
→ Freistellung von Mehrarbeit
→ Zusatzurlaub von einer Arbeitswoche
→ Schutz bei Wohnungskündigung
→ Vorgezogene Pensionierung Beamter mit 60
→ Altersrente mit 60 bzw. 63

→ Befreiung von der Wehrpflicht
→ Sonderregelung für Lehrer nach § 8 bay. Lehrerdienstordnung
→ Pflichtversicherung in der gesetzlichen Kranken- und Rentenversicherung für Behinderte in Werkstätten
→ Besondere Fürsorge im öffentlichen Dienst
→ Abzugsbetrag bei Beschäftigung einer Haushaltshilfe: 924 €
→ Abzug eines Freibetrages bei der Einkommensermittlung im Rahmen der sozialen Wohnraumförderung bei Pflegebedürftigkeit: 2.100 € Freibetrag beim Wohngeld bei Pflegebedürftigkeit 1.200 €
→ Ermäßigung bei Kurtaxe (je nach Ortssatzung)

► GdB 60
→ Steuerfreibetrag 720 €
→ Reduzierung der Belastungsgrenze für Zuzahlungen in der gesetzlichen Krankenversicherung auf 1% der jährlichen Bruttoeinnahmen bei Vorliegen weiterer Voraussetzungen

► GdB 70
→ Steuerfreibetrag 890 €
→ Ansatz der tatsächlichen Kosten oder 0,30 €/km für Fahrten zur Arbeitsstätte mit dem Kfz als Werbungskosten
→ Abzugsbetrag für Privatfahrten bei Merkzeichen G: bis zu 3.000 km x 0,30 € = 900 €

→   Erwerb der Bahn Card 50 zum halben Preis

▶   GdB 80
→   Steuerfreibetrag 1.060 €
→   Abzugsbetrag für Privatfahrten: bis zu 3.000 km
    x 0,30 € = 900 €
→   Freibetrag beim Wohngeld bei
    Pflegebedürftigkeit 1.500 €
→   Abzug eines Freibetrages bei der
    Einkommensermittlung im Rahmen der sozialen
    Wohnraumförderung bei Pflegebedürftigkeit
    4.500 €

▶   GdB 90
→   Steuerfreibetrag 1.230 €
→   Freibetrag beim Wohngeld bei
    Pflegebedürftigkeit 1.500 €

▶   GdB 100
→   Steuerfreibetrag 1.420 €
→   Freibetrag beim Wohngeld: 1.500 €
→   Abzug eines Freibetrages bei der
    Einkommensermittlung im Rahmen der sozialen
    Wohnraumförderung 4.500 €
→   Freibetrag bei der Erbschafts- und
    Schenkungssteuer in bestimmten Fällen
→   Vorzeitige Verfügung über Bausparkassen-
    bzw. Sparbeträge nach dem
    Wohnungsbauprämiengesetz bzw.
    Vermögensbildungsgesetz

Die wichtigsten Merkzeichen-abhängigen Rechte und Nachteilsausgleiche

▶ G

→ Freifahrt im öffentlichen Personennahverkehr nach Erwerb einer Wertmarke oder Kraftfahrzeugsteuerermäßigung

→ Ansatz der tatsächlichen Kosten oder 0,30 €/km für Fahrten zur Arbeitsstätte mit dem Kfz. als Werbungskosten

→ Abzugsbetrag für Privatfahrten bei GdB 70: 3000 km x ,30 € = 900 €

→ Mehrbedarfserhöhung bei der Sozialhilfe von 17 % bei Alter über 64 oder voller Erwerbsminderung

→ Preisnachlass beim Neuwagenkauf bei vielen Händlern

▶ B

→ Unentgeltliche Beförderung der Begleitperson im öffentlichen Nah- und Fernverkehr, ausgenommen bei Fahrten in Sonderzügen und Sonderwagen

► aG

→ Freifahrt im öffentlichen Personennahverkehr
nach Erwerb einer Wertmarke
→ Kraftfahrzeugsteuerbefreiung
→ Anerkennung der Kfz-Kosten für Privatfahrten
als außergewöhnliche Belastung bis zu 15.000
km: 0,30 € je kam = 4.500 €
→ In vielen Gemeinden kostenloser Fahrdienst für
behinderte Menschen unter bestimmten
Voraussetzungen
→ Parkerleichterungen, Parkplatzreservierung
→ Übernahme der Kosten von Fahrten zur
ambulanten Behandlung in besonderen Fällen
durch die gesetzliche Krankenversicherung
→ Unentgeltliche Beförderung der Begleitpersonen
von Rollstuhlfahrern im internationalen
Eisenbahnverkehr

► H

→ Freifahrt im öffentlichen Personennahverkehr
nach Erwerb einer Wertmarke
→ Kraftfahrzeugsteuerbefreiung
→ Pauschbetrag wegen außergewöhnlicher
Belastung: 3.700 €
→ Befreiung von der Hundesteuer
→ Gewährung von Pflegegeld, häusliche
Pflegehilfe usw.

→ Übernahme der Kosten von Fahrten zur ambulanten Behandlung in besonderen Fällen durch die gesetzliche Krankenversicherung

► RF

→ Befreiung von der Rundfunkgebührenpflicht
→ Ermäßigung der Telefongebühren bei einigen Telekommunikationsunternehmen

► BI

→ Freifahrt im öffentlichen Personennahverkehr nach Erwerb einer Wertmarke
→ Kraftfahrzeugsteuerbefreiung
→ Pauschbetrag wegen außergewöhnlicher Belastung: 3.700 €
→ Parkerleichterungen, Parkplatzreservierung
→ In vielen Gemeinden Befreiung von der Hundesteuer
→ Befreiung von der Umsatzsteuer unter bestimmten Voraussetzungen
→ Portofreie Beförderung von Blindensendungen
→ Übernahme der Kosten von Fahrten zur ambulanten Behandlung in besonderen Fällen durch die gesetzliche Krankenversicherung
→ Gewährung von Blindengeld oder Blindenhilfe oder Gewährung von Pflegezulage der Stufe III für Versorgungsberechtigte nach dem BVG

▶ Gl

→ Freifahrt im öffentlichen Personennahverkehr nach Erwerb einer Wertmarke oder Kraftfahrzeugsteuerermäßigung

→ Recht auf Verwendung von Gebärdensprache bei Sozialbehörden

▶ 1. Kl.

→ Benutzung der 1. Wagenklasse mit Fahrscheinen 2. Klasse

Tippsammlung für behinderte Arbeitnehmer

Bist du behindert, so hat die AfA für dich besondere Fördermöglichkeiten. **Diese sind nicht nur für schwer behinderte Arbeitslose vorgesehen, sondern auch, wenn das Amt bei dir einen Behinderungsgrad von unter 50 % festgestellt hat.** Auch wenn du Leistungen von der AfA erhältst, schließt das nicht Leistungen wie Pflegegeld (die auch nicht als Einkommen zählen) aus. So kannst du folgende Leistungen erhalten:

► für Behinderte wird bei der Berechnung des ALG I und des ALG II ein prozentualer Zuschlag von 35% auf 90 – 80 % des Regelsatzes zusätzlich gezahlt.

► Auch wenn du dauerhaft krank bist, steht dir als Behinderter der Bezug von Leistungen nach ALG II zu. Wichtig ist nur, dass du einen Monat nach der Erkrankung einen Rentenantrag stellen musst.

► Alle schon angeführten Unterstützungen gelten auch für Behinderte mit Kindern. Da wird ein Extra- Freibetrag beim Einkommen mit angerechnet.

► Bei der Berechnung angemessener Unterkunftskosten müssen die behindertenspezifische Nachteile unter dem

Aspekt der Menschenwürde und des Einzelfallgrundsatzes berücksichtigt werden(§ 1 Abs. 1 Nr. 5 SGB II). Im Übrigen werden die Kosten für die Beschaffung und Ausstattung einer behindertengerechten Wohnung erstattet.

► Technische Arbeitshilfen werden in voller Höhe übernommen, wenn sie nicht in das Eigentum des Arbeitgebers übergehen und zur Ausübung einer Tätigkeit benötigt werden.

► Kraftfahrzeughilfen werden bis zu einer Höhe von 9500 € gewährt. Ein höherer Zuschuss ist möglich, wenn auf Grund der Behinderung ein größeres Fahrzeug notwendig ist. Dies bekommst du nur, wenn du es für die Mobilität wie den Weg zwischen deiner Wohnung und der Arbeit benötigst. Die Förderdauer beträgt mindestens 5 Jahre. Darunter fallen auch die Kosten für die Fahrerlaubnis und eine behindertengerechte Zusatzausstattung der Kfzs. In Härtefällen wird auch für Beförderungsdienste gesorgt.

► Unterstützung durch Integrationsfachdienste helfen dir bei der Bewerbung und Einarbeitung an deinem neuen Arbeitsplatz. Falls du eine Hilfe am Arbeitsplatz brauchst, so wird dir diese durch eine Arbeitsassistenz gestellt.

► Kosten für nichtorthopädische Hilfsmittel werden ebenso übernommen.

► Behindertenspezifische Bildungsmaßnahmen fördern deine Eingliederung in den Arbeitsmarkt und du erhältst sämtliche Lehrgangsgebühren und Leistungen zum Lebensunterhalt. Leistungen zum Lebensunterhalt sind:

→ Übergangsgeld: Berechnung für das Übergangsgeld sind 80% des erzielten Arbeitseinkommens.

→ Ausbildungsgeld: wird dir dann gewährt, wenn kein Anspruch auf Übergangsgeld besteht. Das gilt auch für eine Grundausbildung oder eine Maßnahme in einer Werkstatt für Behinderte.

Weitere Informationen findest du auch in unserem Buch „**Arbeitslosengeld & Hartz IV**".

Familien mit behinderten Kindern

„Ihr Kind ist behindert"
- die Mitteilung dieser Diagnose ist für die meisten Eltern zunächst schockierend und stellt sie vor eine schwere Lebensaufgabe. Ein behindertes Kind zu haben und zu erziehen, bedeutet für die betroffenen Familien große zusätzliche Anforderungen psychischer, physischer und finanzieller Art.
- Gerade deshalb brauchen diese Familien mit behinderten Kindern und Jugendlichen fachkundige Beratung, sowie Rat und Hilfe in allen Situationen von der Geburt bis zum Arbeitsleben aber auch Informationen über Unterstützungs- und Fördermöglichkeiten.
- In vielen Fällen wird den Eltern mit der Diagnose durch den Arzt schon ein Beratungsangebot gegeben. Doch in etlichen Fällen müssen die Eltern erst einmal selbst nach schlüssigen Angeboten und Fördermöglichkeiten für ihr Kind suchen.
- Immer eine Quelle der neusten Informationen ist das Internet. Hast du dich vorher nie mit der Suchfunktion bei Google beschäftigt, du wirst es spätestens jetzt lernen damit um zu gehen. Wir werden die geläufigsten Anlaufstellen nennen und hoffen, dass du damit erst einmal eine Ausgangsbasis hast.

Überblick über mögliche Anlaufstellen:

Staatlich anerkannte Schwangerenberatungsstellen und kirchliche Beratungsstellen
Umfassende Beratung in allen die Schwangerschaft betreffenden sozialen, medizinischen und psychologischen Fragen; Psychosoziale Beratung vor, während und nach einer PND sowie Beratung über Hilfemöglichkeiten bei einer zu erwartenden Schädigung des Kindes; Vermittlung von **sozialen und finanziellen Hilfen.**
Weitere Infos:
www.stmas.bayern.de/familie/beratung/schwangere/

Eltern-, Familien- und Lebens-Beratungsstellen sowie Erziehungs-Beratungsstellen
Unterstützung der Ratsuchenden in verschiedenen Lebenslagen (z. B. Problemen mit dem Partner; der Familie

Sozialberatungsstellen
Information und Beratung von Menschen mit Behinderung über gesetzliche Ansprüche und Hilfe bei der Durchsetzung der Ansprüche, Information über vorhandene soziale Dienste freier und öffentlicher Träger im Einzugsbereich
weitere Infos: **www.intakt.info**

Psychosoziale Beratung, Krisenintervention
diagnostisches, beratendes und therapeutisches
Angebot für Familien mit behinderten Angehörigen/
Kindern
Weitere Infos: kommunale und kirchliche
Träger, detaillierte Aufleistung der
Beratungsstellen nach Regierungsbezirken unter
www.intakt.info

Behindertenbeauftragter der Bundesregierung
hat darauf hinzuwirken, dass die Verantwortung des
Bundes, für **gleichwertige Lebensbedingungen für
Menschen mit und ohne Behinderungen** zu sorgen,
in allen Bereichen des gesellschaftlichen Lebens erfüllt
wird. Er setzt sich bei der Wahrnehmung dieser
Aufgabe dafür ein, dass unterschiedliche
Lebensbedingungen von behinderten Frauen und
Männern berücksichtigt und geschlechtsspezifische
Benachteiligungen beseitigt werden.
Weitere Info **www.behindertenbeauftragte.de**

Behindertenbeauftragte der Städte und Landkreise
Beratung, Vermittlung von Kontakten für die
Belange behinderter Menschen
Weitere Infos:
jeweilige Kommunalverwaltung

**Dienste der Offenen Behinderten-
Arbeit regionale und überregionale Beratungs- und
Betreuungsdienste für Menschen mit Behinderung**
(Fachberatung bei speziellen Fragen aus dem Bereich
der Behindertenhilfe, Familienentlastende Hilfen,
Kurzzeitbetreuung, Fahrdienste, Assistenz und

Integrationshilfen im Freizeit-, Wohn- und
Arbeitsbereich u. a.)
Weitere Infos:
www.stmas.bayern.de/behinderte/offeneba/

Gemeinsame Servicestellen der
Rehabilitationsträger Gemeinsame Servicestellen der
verschiedenen Rehaträger (siehe Erläuterung
oben) bieten Beratung für Menschen mit
Behinderung und Angehörige über
Leistungsvoraussetzungen, Leistungen der
Rehaträger sowie über Verwaltungsabläufe
Weitere Infos: www.vdr.de

Finanzielle Unterstützung und weitere Leistungen

Jugendamt, Sozialamtverschiedene Leistungen der
Eingliederungshilfe und Leistungen nach dem
Kinder- und Jugendhilfegesetz, unter anderem
Hilfen zur Erziehung, Leistungen von
vorschulischen und sozialen Eingliederung
Weitere Infos: bei der jeweiligen
Kommunalverwaltung

Besondere Leistungen der Kranken-
Versicherung und bei Pflegebe-
Dürftigkeit   Besonderheiten für Menschen mit
Behinderung bei Leistungen zur Früherkennung
und Behandlung von Krankheiten sowie bei
Pflegebedürftigkeit (z. B. Verordnung von nicht
verschreibungspflichtigen Medikamenten für
behinderte Jugendliche bis 18 Jahre, Fahrkosten,
Befreiungsregelungen von Zuzahlungen)

Weitere Infos: Zuständige Kranken- und
Pflegeversicherungen sowie Broschüre des
Bundesverbands für Körper- und
Mehrfachbehinderte e. V. „Mein Kind ist
behindert – diese Hilfen gibt es",
www.bvkm.de

Nachteilsausgleiche   Broschüren
Schwerbehinderte Menschen – Ihre **Rechte,**
Steuertipps für Menschen mit Behinderung,
Steuermerkblatt für Familien mit behinderten Kindern
www.bvkm.de

Fördereinrichtungen sowie Unterstützung bei der
Ausbildung und auf dem Arbeitsmarkt
Zuständig sind das Arbeitsamt deiner Stadt und
Gemeinde sowie die Arbeitsgemeinschaften

Frühförderung
Frühe Förderung für behinderte oder von
Behinderung bedrohte Säuglinge, Kleinkinder und
Kinder im Vorschulalter (allgemeine
Frühförderstellen mit zahlreichen Außenstellen auf
Landkreisebene und spezielle Einrichtungen mit einem
größeren Einzugsbereich für sinnesgeschädigte Kinder
sowie Sozialpädiatrische Zentren)
Weitere Infos: **www.fruehfoerderstellen.de**
Förderstellenfinder

Integrative Kinderkrippen, Kindergärten
**Selbstverständlicher Umgang mit Gleichaltrigen
und Behinderungen, Persönlichkeitsentfaltung und
Entwicklungsmöglichkeiten verwirklichen**
Weitere Informationen auf der **Homepage deiner
Stadt o. Gemeinde**

Schulvorbereitende Einrichtungen, Heilpädagogische
Tagesstätten
Für Kinder ab dem dritten Lebensjahr mitunter auch
eher, **sowie zur schulbegleitenden Betreuung und
Förderung gibt es ein differenziertes teilstationäres
Betreuungsangebot bestehend aus
Schulvorbereitenden Einrichtungen (SVE) und
Heilpädagogischen Tagesstätten (HPT),**
Ansprechpartner ist hier der Amtsarzt
    Weitere Infos: **über HPT s bei den
Kommunen und den regional ansässigen
Behindertenverbänden**

Förderschulen
Gezielter und behindertengerechter Unterricht für
Schülerinnen und Schüler mit Behinderung (z. B.
Schulen für Gehörlose, Sehbehinderte)
    Weitere Informationen über das **Schulamt o. das
Jugendamt**

Fortbildungsmaßnahmen für Familien mit behinderten
Kindern
Fachspezifische Bildungsmaßnahmen für Familien
mit behinderten Kindern zuständig das **Jugendamt
deiner Stadt oder deine Krankenkasse**

<u>Unterstützung bei Berufsausbildung und Studium</u>
speziell geschulte Berater in den Arbeitsagenturen für Arbeit, Berufsbildungswerke, Leistungen im Rahmen der Eingliederungshilfe (z. B. Kosten für Gebärdensprachdolmetscher an der Universität)
> Weitere Infos: **Arbeitsagenturen, Berufsbildungswerke**, Broschüre des Deutschen Studentenwerks „Studium und Behinderung" www.studentenwerke.de

<u>Unterstützung bei Berufstätigkeit</u>
Integrationsfachdienste, die bei der Eingliederung in das Arbeitsleben helfen, Vorschriften zum Schutz erwerbstätiger Menschen mit Behinderung, Werkstätten für Menschen mit Behinderung, Tagesförderstätten, Integrationsämter

> Weitere Infos: **Broschüren**

→ **Werkstätten für behinderte Menschen**

→ **ABC Behinderung und Beruf**

→ **www.integrationsaemter.de**

Selbsthilfegruppen
Eltern- und Angehörigenselbsthilfegruppenhilfe von
Kindern mit den verschiedensten Behinderungen,
beispielsweise Down-Syndrom, Mukoviscidose oder
Autismus. Mittlerweile gibt es vielfältige
Selbsthilfegruppen, auch als krankheitsübergreifende
Gruppen wie die Selbsthilfegruppen für Eltern mit
behinderten Kindern, und sie helfen beim Orientieren
und als Ansprechpartner in einer neuen Lebenssituation
für die Eltern und Geschwister.

Weitere Infos: **Broschüre des StMAS**
(Bay. Sozialministerium für Arbeit und
Sozialordnung Winzererstrasse 9, 80797
München)
Förderung der Selbsthilfe

Wohnen
Vollstationäre Heimunterbringung
spezielle Förderung für das Kind in einer hoch
spezialisierten Sondereinrichtung
Weitere Infos: Sozialhilfeverwaltung des jeweiligen
Bezirks, Sozialämter der Kommunalverwaltungen und
Landratsämter, allgemein unter **www.intakt.info**

**Kurzzeitpflege, Kur-, Genesungs- und
Erholungsheime**
Pflege des behinderten Kindes in akuten Notsituationen
(z. B. Krankenhausaufenthalt), Haushaltshilfe,
häusliche Krankenpflege, Kurzzeitbetreuung für
behinderte Kinder, Kurheime für chronisch Kranke
oder behinderte Kinder sowie Familienerholung,
Dienste der offenen Behindertenarbeit (s.o.)

Öffentliche Finanzierungshilfen beim Bau, Umbau, Umzug oder Kauf einer behindertengerechten Wohnung
finanzielle Hilfen von staatlicher Seite
Weitere Infos: **Broschüre des StMAS** (Bay. Sozialministerium für Arbeit und Sozialordnung Winzererstrasse 9, 80797 München) Wohnfibel für Behinderte-Finanzhilfen

Weiterführende Informationsangebote
Informationen und Kontakt für Eltern von Kindern mit Behinderung u. a.
www.lebenshilfe.de
www.intakt.de

Information für Geschwister behinderter Kinder; Informationsmaterial erhältlich beim Staatsinstitut für Familienforschung Bamberg unter www.ifb-bamberg.de/forschung/fin/2005_geschwister.html

Tipp: Einen abschließenden Tipp noch, **es gibt seelische und geistige Erkrankungen, die unter bestimmten Umständen mit körperlichen Erkrankungen gleich zu setzen sind.** 1999 wurde von einer Mutter einer autistischen Tochter durch das Landessozialgericht Dresden das aG für ihre Tochter zuerkannt. Eine der wichtigsten Aussagen und Argumente waren das anfangs erwähnte **Gleichheitsprinzip zwischen körperlich und geistig behinderten Menschen und die Gewährleistung der Teilnahme am öffentlichen Leben.** Es konnte durch die Mutter nachgewiesen werden, dass auf Grund der Angstzustände des Kindes ein normaler Einkauf fast unmöglich war und das Verhalten dann durchaus dem eines Kindes im Rollstuhl gleichzusetzen sei, denn das Resultat sei das gleiche.

Weiter wurde für eben dieses Kind von Fachstellen behauptet, die Pflegestufe II sei das äußerste, was man bei der Krankenkasse anerkennen würde. Das Mädchen hat mittlerweile **wegen der ständigen Beaufsichtigung Pflegestufe III** und das seit dem 9. Lebensjahr. Also das kämpfen lohnt sich.

Pflegegeld

Pflegestufen und behinderte Kinder

In diesem Kapitel beschäftigen wir uns besonders mit den Pflegeleistungen für behinderte Kinder, die zu Hause betreut werden. Wir geben hierzu auch allgemeine Hinweise und helfen bei der Erstellung eines Pflegetagebuchs.

Pflegeleistungen kann jeder erhalten, dessen **körperliche, geistige oder seelische Behinderung länger als 6 Monate andauert.** Sie können beantragt werden, wenn du oder dein Familienangehöriger Hilfe bei den **täglichen Verrichtungen bedarf und wenn die Mobilität stark eingeschränkt ist.**
Ein Schwerbehindertenausweis bedeutet nicht gleichzeitig, dass du Anspruch auf die Pflegestufen hast sowie auch andersherum, hast du mit einem Anspruch auf Pflegeleistungen **keinen automatischen Anspruch** auf den Schwerbehindertenausweis, aber die Ausstellung dürfte sehr wahrscheinlich sein.

Um ein Anrecht auf Pflegeleistungen zu haben, muss in folgenden Bereichen Bedarf bzw. Hilfe bestehen.

Diese **Bereiche** sind unter anderem:

► im **Bereich Körperpflege** das Waschen, Baden, Duschen, die Zahnpflege, das Kämmen, Rasieren, Blasen- und Darmentleerung

► Im **Bereich der Ernährung** das mundgerechte Zubereiten oder die Aufnahme der Nahrung

► Im **Bereich der Mobilität** das selbständige Aufstehen und zu Bett gehen, An- und Auskleiden, Gehen, Stehen, Treppensteigen oder das Verlassen und Wiederaufsuchen der Wohnung (dazu gehören auch Therapie- und Arztbesuche)

► Im **Bereich der hauswirtschaftlichen Versorgung** das Einkaufen, Kochen, Reinigen der Wohnung, Spülen, Wechseln und Waschen der Wäsche und Kleidung oder das beheizen der Wohnräume.

Tipp: **Dabei muss die hauswirtschaftliche Versorgung unter dem Zeitaufwand liegen, den die anderen Bereiche verursachen.**

Es gibt **drei Pflegestufen,**
die wir kurz vorstellen wollen:

Pflegestufe 1 (Geldleistung 205 €)

→ **erheblich pflegebedürftig**. Dies bedeutet, die Person braucht <u>mindestens einmal am Tag Hilfe bei der Körperpflege, der Ernährung oder der Mobilität.</u> Diese Hilfe wird für wenigstens 2 Verrichtungen aus einem oder mehreren Bereichen benötigt und zusätzlich mehrfach in der Woche wird Hilfe bei der hauswirtschaftlichen Versorgung gebraucht. Hier wird ein Mindestzeitaufwand (wöchentlich im Tagesdurchschnitt) von 90 min zu Grunde gelegt, wobei die Hälfte der Zeit auf die Grundpflege entfallen muss.

Pflegestufe 2 (Geldleistung 410 €)

→ **schwer pflegebedürftig**. Diese Personen brauchen <u>mindestens dreimal täglich zu verschiedenen Tageszeiten Hilfe bei der Körperpflege, der Ernährung oder Mobilität und zusätzlich mehrfach in der Woche Hilfe bei der hauswirtschaftlichen Versorgung.</u> Hier wird ein Mindestzeitaufwand von 3 Stunden veranschlagt, wobei hier zwei Stunden auf die Grundpflege entfallen müssen.

Pflegestufe 3 (Geldleistung 665 €)

→   **schwerstpflegebedürftig**. Diese Personen benötigen <u>rund um die Uhr (Tag und Nacht) Hilfe in allen Bereichen</u>. Hier wird ein Mindestzeitaufwand von 5 Stunden veranschlagt, wobei 4 Stunden auf die Grundpflege entfallen.

Tipp: Die **Beaufsichtigung** einer pflegebedürftigen Person, damit sich **selbst oder anderen keinen Schaden** verursacht, <u>zählt auch unter die Pflegebereiche</u>.

Hast du beispielsweise ein Geschwisterkind, was fast gleichaltrig ist oder jünger, kannst du dieses durchaus zum Vergleich heranziehen, um den erhöhten Pflegebedarf in diesem Bereich oder anderen zu dokumentieren. Du wirst erstaunt sein, wie schnell, dann die jeweiligen Zeiten zusammen kommen.

Nun geben wir dir erst einmal einen kurzen

Überblick über die wichtigsten

Pflegeleistungen

der einzelnen Stufen, damit du die für dich passende Leistung auswählen kannst. Natürlich helfen dir dabei auch gern die Mitarbeiter der Krankenkasse.

▶ **Verhinderungspflege** durch eine professionelle Ersatzpflegekraft bei Ausfall der ehrenamtlichen Pflegeperson. Für längstens vier Wochen pro Kalenderjahr, höchstens jedoch bis zu 1.432 €

▶ **Pflegehilfsmittel** (bis zu 31,00 € monatlich)

▶ **Technische Hilfen**, die zur Erleichterung der Pflege oder zur Linderung der Beschwerden des Pflegebedürftigen beitragen

▶ Maßnahmen **zur Verbesserung des Wohnumfeldes und zur Pflegeerleichterung** im häuslichen Bereich, bis zu 2.557,00 € je Maßnahme

▶ **Tages- oder Nachtpflege** in einer teilstationären Einrichtung, in Abhängigkeit von der Pflegestufe

► **Kurzzeitpflege** bei einer vorübergehenden vollstationären Betreuung in einer Pflegeeinrichtung, bis zu vier Wochen pro Kalenderjahr, maximal jedoch 1.432,00 €. (Quelle www.bkk.de)

Pflegeleistungen werden bei deiner Krankenkasse beantragt.
Vorraussetzung ist, dass du durch Zahlung des Pflegeversicherungsbeitrags einen Rechtsanspruch auf diese Leistungen erworben hast.
Du kannst bei deiner Krankenkasse ein Formular anfordern, um den Antrag auf Pflegeleistungen zu stellen oder du stellst ihn formlos.

Hier ein allgemeingültiger Antrag auf Pflegeleistungen:

Antrag auf Leistungen der Pflegeversicherung

An Pflegekasse (beispielsweise AOK Niedersachsen)

Dein Name, Vorname, Adresse, Geburtsdatum und
    Versichertennummer

Sehr geehrte Damen und Herren,

Ich beantrage hiermit für_____
Versichertennummer_____

ab dem_____die Pflegestufe____(oder: Leistungen
    nach dem Pflegeversicherungsgesetz).

Mit freundlichen Gruß

Unterschrift_____Datum_____
____

Ablauf der Begutachtung

Es kann sein, dass man dir dann noch einen „formell richtigen" Antrag zusendet. Du kannst auch bei deiner Krankenkasse anrufen und dir solch einen Antrag zusenden lassen. Mit diesem einfachen und formlosen Antrag jedoch sicherst du dir **den Monat der Antragstellung, der auch gleichzeitig der erste Monat der Leistungsgewährung ist.**

Nach dem Antrag wirst du ein Schreiben deiner Krankenkasse erhalten, in dem eine Begutachtung durch den **MDK (Medizinischen Dienst der Krankenkasse)** angekündigt und um eine Terminvereinbarung gebeten wird.

Bei diesem Hausbesuch **prüft der Mitarbeiter des MDKs den Pflegebedarf.** Man wird sich mit dir unterhalten und bestehende Gutachten oder andere Dokumente einsehen, die den Krankheitsverlauf und somit den Pflegebedarf bescheinigen.

<u>Zu diesem Termin solltest du also alle Gutachten, jedes Schriftstück, was ein Arzt oder Psychologe je verfasst hat, und das Pflegetagebuch bereithalten.</u>

Tipp: Bei Kindern empfehlen wir dir, dass du beispielsweise die Erzieherin deines Kindes (sollte es eine Kindereinrichtung besuchen) hinzuziehst oder speziell von deinem Hausarzt ein Gutachten bereitliegen hast, damit der Pflegebedarf noch untermauert wird.

Weiterhin ist bei Kindern zu beachten, dass immer als Maßstab der Versorgungsbedarf eines gleichaltrigen gesunden Kindes als Richtwert genommen wird.

Daher empfiehlt es sich, ein **Pflegetagebuch zu führen**, damit man sich den Anspruch auf Pflegeleistungen errechnen kann und so besser gegenüber dem begutachtenden Arzt beim MDK argumentieren kann. Gegebenenfalls kannst Du berechtigt in Widerspruch gehen. Unsere Erfahrung ist, dass die Mitarbeiter des MDKs sehr gern auf so ein Pflegetagebuch zurückgreifen.

Wie so ein Pflegetagebuch aussehen kann, kannst du dir unter **www.behinderte-Kinder.de** ansehen und herunterladen.
Dort sind auch die einzelnen Zeitaufwendungen von kleinen und kleinsten Pfleglingen aufgeführt. So das man sich wirklich gut orientieren kann.

Pflegetagebuch für:	
Name, Vorname	
geboren am	
Straße, PLZ, Ort	
Anschrift der Eltern	
Straße, PLZ, Ort	
Tagebucheintragungen	vom ....bis ....
Zeit:	
	Morgendliche Hilfen: Aufstehen, Toilettengang (wickeln), Waschen, Ankleiden, Frühstücken, Medikamentenverabreichung
	Termine: Arzt,

83

	Krankengymnastik, Fördermaßnahmen
	Hilfe und Plegeunterstützung im Laufe des Tages: Umkleiden, Mittagessen, Toilettengang (wickeln), Bewegungsübungen nach Vojta / Bobath,
	Aufgaben neben Therapien und Förderung: Entspannungsübunge n zum Abbau von Aggressionen und Hyperaktivität, Selbstständigkeitstrai ning zur Verringerung des Pflegebedarfs,

	Hilfe und Pflege am Abend: Abendessen, Medikamentenverabre ichung, Ausziehen, Waschen, Ins Bett bringen,
	Hilfe und Pflege in der Nacht: Beruhigung, Beaufsichtigung, Lagern, Toilettengang (wickeln),
	Besonderes: kritische

	Ereignisse, Positives,
	.

(Quelle www.behinderte-Kinder.de)

Und hier noch ein Beispiel für ein ganz einfaches
Pflegetagebuch:

Dazu nimmst du ein Heft und trägst jeden Tag ein, was
du für Versorgungen du vorgenommen hast und in
welchem Umfang:

Name des Pflegenden:

Name des Pflegebedürftigen:

Datum: .... morgens...........Uhr

Art der Versorgung:........................

Dauer:......................................

Umfang: mit teilweiser Unterstützung oder
komplette Übernahme

Nun werden wir die einzelnen Versorgungen noch
vorstellen, die für die Begutachtung wichtig sind.

Körperpflege:

- waschen
- duschen
- baden
- Rasieren
- Kämmen
- Mundpflege
- Blasenentleerung
- Darmentleerung
- Intimpflege
- Wechseln von Windeln oder Inkontinezartikeln
- Menstruationspflege
- Ankleiden
- Auskleiden

Ernährung:

- mundgerechte Zubereitung
- Essenaufnahme wie füttern

Mobilität:

- Aufstehen vom Bett
- Hinlegen ins Bett
- Aufstehen aus dem Rollstuhl
- Hinsetzen in den Rollstuhl
- Hilfe beim Einsteigen ins Auto
- Hilfe beim Aussteigen aus dem Auto
- Zubettbringen
- Lagerung und deren Wechsel
- Gehen, Bewegen im Haus
- Stehen
- Treppensteigen
- Gehen, Bewegen außerhalb des Hauses
- Begleitung zum Arzt, Therapien

Hauswirtschaftliche Versorgung:

- Einkaufen
- Kochen
- Wohnung reinigen
- Wäsche waschen
- Spülen
- Beheizen
- Wäsche wechseln

Tippsammlung für Pflegeleistungen

Tipp: Trage wirklich jede Minute ein, selbst wenn du nachts aufstehst und nach dem Kind nur schaust, dann trage auch diese paar Minuten ein. Dies ist besonders wichtig bei Kindern mit gelegentlichem Atemstillstand. **Diese Minuten summieren sich und du kommst auf deine Pflegestufe.**

Tipp: Dabei bedenke immer, grade bei Kindern ist es schwierig den Pflegebedarf zu ermitteln, da Gleichaltrige gesunde Kinder als Vergleich herangezogen werden. Also pokere ruhig um jede Minute.

Tipp: **Musst du mit deinem Kind zu Therapien fahren, so zählt das selbstverständlich auch als Pflegeversorgung,** also fahre anschließend zur Belohnung für dich und dein Kind beim Spielplatz oder bei im Zoo vorbei, und schon kannst du eine halbe Stunde mehr veranschlagen, denn die Pause musste eben für euch beide sein. Das nennt man dann Belohnungssystem oder auch Entspannungsübung bzw. Motivierungstraining und wird überall anerkannt. Schließlich wollt ihr ja wieder gern zur Therapie gehen.

Tipp: **Mal eine Minute mehr ist erlaubt, nur übertreiben ist dumm.** Denn die Begutachter kennen sich schließlich aus, auch mit dem Pflegebedarf für die gängigsten Krankheiten.

Tipp: **Grundsatz auch hier, wie im Schwerbehindertenrecht, im Vordergrund hat ein fast normales, gleichberechtigtes Leben bzw. eine Teilhabe daran zu stehen wie bei gesunden Kindern.** Und in welchem Umfang du das deinem Kind ermöglichst und dabei dies als Versorgung aufführst, bleibt dir überlassen. Wichtig ist nur, die Begründung muss glaubhaft sein.

Tipp: Das Pflegetagebuch ist aus einem zweiten Grund noch wichtig für dich. **Du kannst nämlich sämtliche Fahrten zu Therapien und Arztbesuchen von der Steuer als außergewöhnliche Belastung absetzen.**

Tipp: Wer einen nahen Familienangehörigen pflegt, dem wird durch die **Krankenversicherung der Rentenbeitrag entrichtet.** Dabei ist die Höhe des Rentenbeitrages abhängig von der Pflegestufe. Weiterhin ist ein pflegender Familienangehöriger **unfallversichert** durch die Krankenkasse.

Tipp: Denk bitte daran, dass **Fahrten zu Therapien oder speziellen Ärzten auch zum Pflegebedarf gehören, ebenso die Anwendungen der Therapien als häusliche Übungen und wenn du diese Übungen täglich ausführen musst, umso besser.**

Tipp: **Windeln gehören ab dem dritten Lebensjahr zu den Hilfsmitteln, wenn dir dein Arzt bescheinigt, dass dein Kind Tag und Nacht inkontinent ist. Die kannst du auf Rezept dann aus der Apotheke abholen.**

Tipp: Die Pflege von behinderten Kindern ist anstrengend, deswegen gibt es auch **Familienkuren.** Erkundige dich bei deiner Krankenkasse oder bei deinem Arzt.

Tipp: für **erwerbsfähige Pflegepersonen**: Wenn du einen nahen Angehörigen pflegen musst und dieser eine Pflegestufe von der Krankenkasse dafür bekommt, **dann lies dir auch das Kleingedruckte im Pflegevertrag durch, denn das hat durchaus Auswirkungen auf die Möglichkeit deiner Arbeitsvermittlung.** Beispielsweise du als Pflegeperson für einen Pflegefall der Stufe III kannst gar keine Arbeit mehr aufnehmen, da das eine Pflege rund um die Uhr darstellt. Bei einem Pflegefall der Stufe II ist eine wöchentliche Arbeit von 15 Stunden zulässig und bei einem Pflegefall der Stufe I ganze 30 Stunden in der Woche.

Doch aufgepasst!! Angenommen du hast **drei Kinder und bei allen dreien wurde auf Pflegestufe I erkannt, ist eine Arbeitsaufnahme fast ausgeschlossen, da es sich um drei verschiedene Pflegefälle mit unterschiedlichen Betreuungszeiten handelt. Deshalb lege die Bescheinigungen von vorn herein mit zu deinem Antrag.** Wirst du also **zu einem Termin wegen deiner Vermittlung eingeladen, dann verweise darauf, dass du nicht für die Vermittlung zur Verfügung stehst, da du Pflegeperson bist (das funktioniert nur bei Pflegestufe III oder mehreren Pflegefällen innerhalb der Familie.** Niemand auch die AfA wird von dir erwarten, dass du deine kranken Kinder in Betreuungsheime gibst, zumal du das Recht hast, frei zu wählen, welche Betreuung in Frage kommt.

Tipp: auf **www.behinderte-Kinder.de** kannst du jede Menge Ratschläge finden. Dort ist auch eine ständig aktuelle Sammlung von Urteilen, die für behinderte Kinder wichtig sind.

Tipp: Mit der Pflegestufe oder dem Behindertenausweis ist dein Kind ja ständig krank, damit zählt es unter chronisch Kranke und du bist von **Zuzahlungen zu Medikamenten** befreit.

Tipp: Es gibt immer noch die **Härtefallklausel** bei Zuzahlungen von Zahnersatz etc. Einfach Antrag stellen, Verdienstbescheinigung dazu und dann bei deiner Krankenkasse abgeben.

Tipp: Musst du doch Medikamente besorgen und das immer wieder, ist die Apotheke in der Nähe ja ganz nett, aber auch meistens teuer. Mittlerweile gibt es **Internetapotheken**, da kannst du bis zu 30 % sparen. Oder du suchst dir einen **Apothekenverband** in deiner Nähe. Diese bieten Rabattkarten an, so sparst du bei deinem Einkauf auch 3 %.

Tipp: Die Ärzte sind angehalten, von sich aus schon günstigere Produkte aufzuschreiben. Doch es schadet nicht auch mal in der Apotheke nachzufragen. Meist kann man dort ein anderes Medikament mit den gleichen Wirkstoffen und der gleichen Zusammensetzung dir empfehlen, bei welchem du nichts zuzahlen musst.

Tipp: „**Beaufsichtigungsbedarf**" ist grundsätzlich mit als Pflegebedarf zu berücksichtigen, wenn die Pflegeperson dabei örtlich und zeitlich so gebunden ist, dass sie u. a. am Schlafen oder am Erledigen anderer Dinge gehindert wird. Urteil 14.6.1998 B3 P4/97.

Tipp: Der „**Bewegungsdrang eines Kindes ist ein Grundbedürfnis**". So entschieden zwei Gerichte zu Gunsten von behinderten Kindern. Die Krankenkassen müssen die Kosten für Rollstuhlbikes oder behindertengerechte Fahrräder tragen. **Az.: B 3 KF 9/97 u. Az.: B 8 KN 13/97**

Tipp: **Ein Winterschlupfsack ist ein Hilfsmittel laut Gerichtsurteil Gelsenkirchen** Az.: S 18 KN 11/98 KR.

Tipp: **Stromkosten für einen elektrisch betriebenen Rollstuhl müssen Krankenkassen und Versorgungsämter erstatten.** Bundessozialgericht Kassel, Aktenzeichen: B 9 V 10/00 R

Tipp: **Eine Rund-um-die-Uhr-Pflege liegt vor, wenn mindestens dreimal täglich von 6 Uhr bis 22 Uhr und einmal nachts von 22 Uhr bis 6 Uhr zu leisten ist. Bundessozialgerichtsurteil vom** 17.05.2000 B3 P20/99 R

Tipp: Pflegegeld zählt **nicht als Einkommen.**

Tipp: Für einen Jahresbeitrag von 35 Euro steht bei der Lebenshilfe e. V. das ganze Jahr ein Anwalt zur Verfügung, wenn es um die Belange des behinderten Kindes geht.

Tipp: Lass die Steuer für deinen PKW auf dein behindertes Kind laufen. Da du den PKW für dein Kind benötigst und dieses das Merkzeichen aG oder G im Behindertenausweis hat, kannst du so **deinen PKW steuerfrei** bekommen.

Tipp: Den Pflegepauschbetrag von 924 Euro gelten machen in der Steuererklärung.

Wir hoffen sehr, dass dir dieses Buch im Dschungel des Behindertenrechts geholfen hat. Solltest du weiterführende Informationen benötigen, so haben wir für dich folgende Bücher aus unserer Ratgeberserie „Ratgeberecke". Einige sind bereits erschienen oder werden noch dieses Jahr veröffentlicht:

Arbeitlosengeld & Hartz IV ISBN 978-3-8370-1127-2

BAföG ISBN 978-3-8370-1215-6

Haushalt und Finanzen ISBN 978-3-8334-9098-9

Kinder, Kinder- Alles um die Leistungen für Kinder

Alles was Recht ist

Wohngeld

Inhaltsverzeichnis:

98